그림 따라 한자 여행

와라베 기미카 지음

  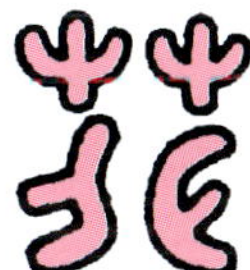

베틀·북
BETTER BOOKS

차 례

생활에서 사용하는 한자

수를 나타내는 한자

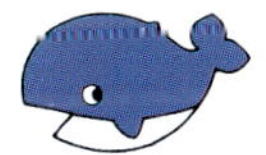
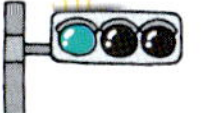

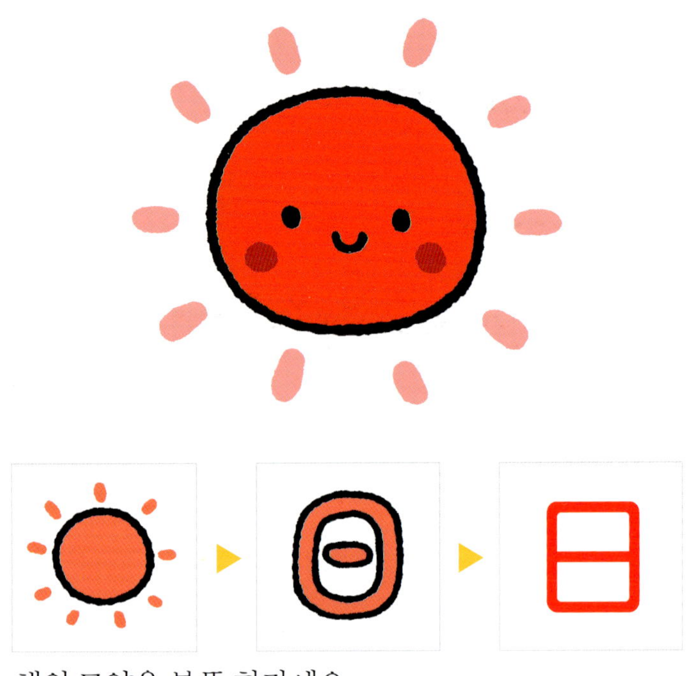

해의 모양을 본뜬 한자예요.

날 일　ㅣ ㄇ ㄇ 日

더운 여름 **날**

休日 **휴일**

초승달의 모양을 본뜬 한자예요.

달 구경

 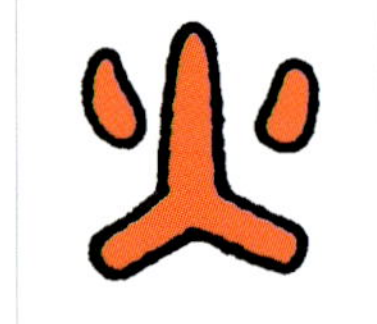 

불이 활활 타오르는 모양을 본뜬 한자예요.

불 화 　 ＇＇＇ ⺌ 火

불꽃놀이

火山 화산

시냇물이 흐르는 모양을 본뜬 한자예요.

水道 수도

水泳 수영

산봉우리 세 개가 이어진 모양을 본뜬 한자예요.

山莊 산장

산장 산속에 있는 별장

白頭山 백두산

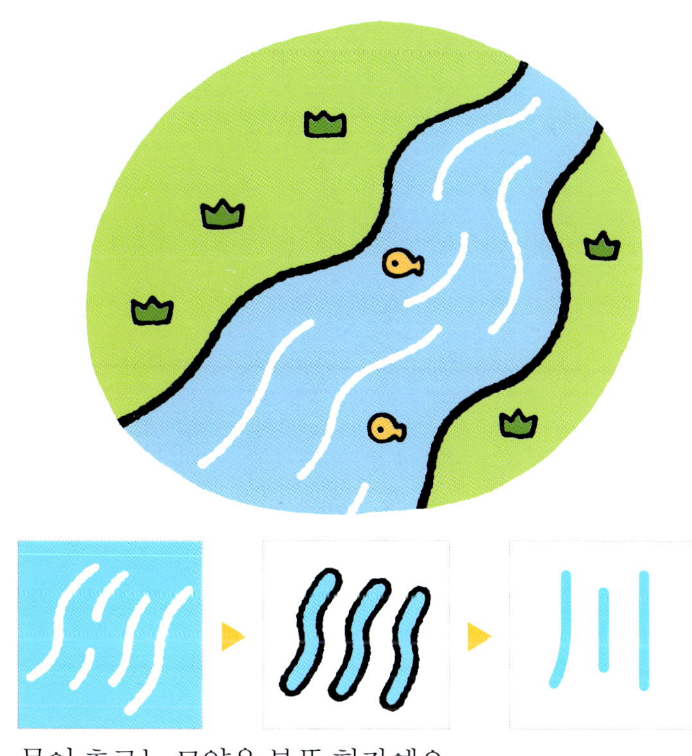

물이 흐르는 모양을 본뜬 한자예요.

시냇물

河川 하천

땅 위에 서 있는 나무의 모양을 본뜬 한자예요.

나무 블록 쌓기

木馬 목마

나무와 나무가 모여 숲이 된다는 뜻의 한자예요.

수풀 림　一 十 十 才 木 村 林

密林 밀림

밀림 나무들이 빽빽하게 들어선 깊은 숲

山林浴 산림욕

산림욕 숲 속을 거닐면서 숲의 기운을 쐬는 일

 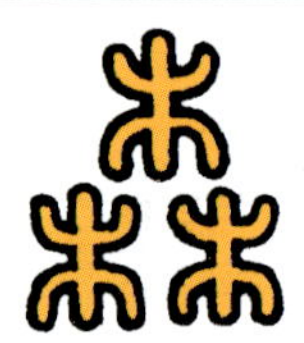 

'나무 목(木)'이 세 개 합쳐져서 나무가 무성하다는 뜻의
한자예요.

森林 삼림

삼림 나무가 많이 우거진 숲

대나무 모양을 본뜬 한자예요.

대나무 도르래

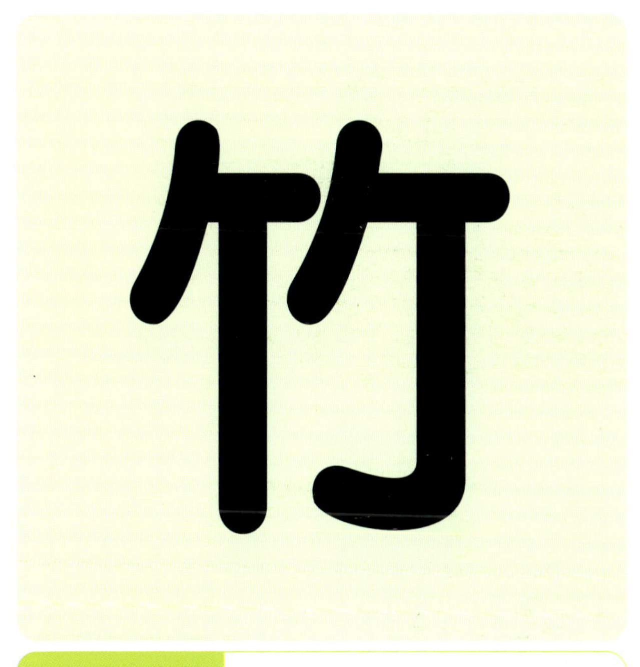

竹林 **죽림**

도르래 대를 얇게 깎고, 한가운데에 자루를 박은 장난감

죽림 대나무 숲

풀이 돋아나는 모양과 새벽을 뜻하는 '조(早)'를 합쳐
만든 한자예요.

초록색 쑥떡

海草 해초

해초 바다에서 나는 풀을 통틀어 일컫는 말

풀이 돋아나는 모양과 변화한다는 뜻의 '화(化)'를 합쳐
만든 한자예요.

꽃다발

花壇 화단

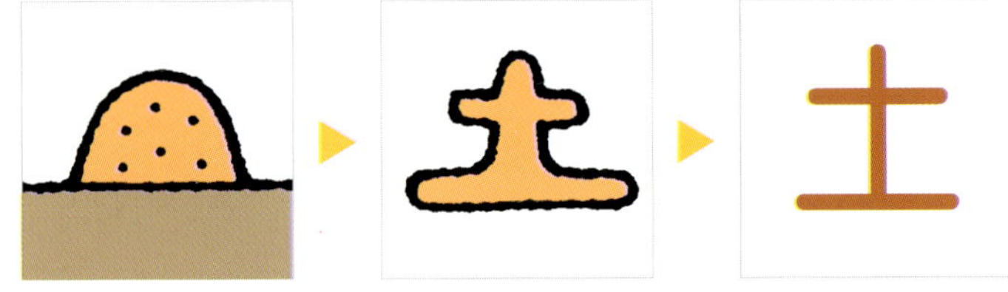

흙이 쌓여 있는 모양을 본뜬 한자예요.

찰흙

土星 토성

토성 태양에서 여섯 번째로 가까운 행성

언덕 아래에 굴러 떨어진 돌을 본뜬 한자예요.

寶石 보석

 ▶  ▶ 

땅 속에 묻혀 있는 금덩이를 나타낸 한자예요.

쇠망치

금붕어

저녁에 달이 떠오르는 모양을 본뜬 한자예요.

저녁 석 ノクタ

夕陽 석양

석양 저녁 나절의 저무는 해

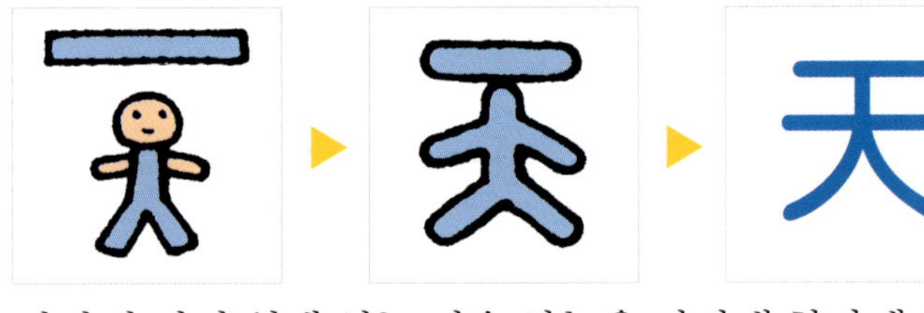

사람의 머리 위에 있는 넓은 하늘을 나타낸 한자예요.

밤**하늘** 은하수

天使 **천사**

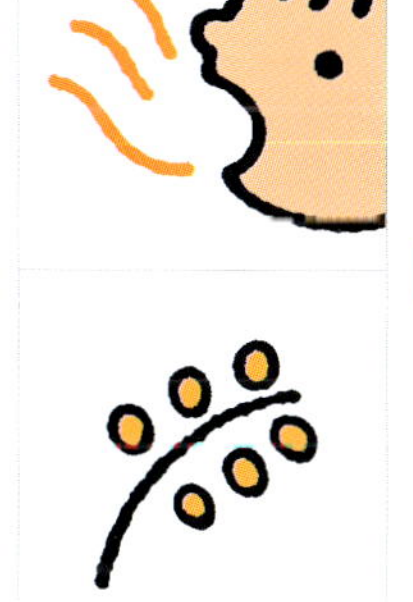

氣

내뿜는 기운과 쌀을 합친 글자로, 쌀로 밥을 지을 때
피어오르는 김을 나타낸 한자예요.

感氣 감기

日氣豫報 일기예보

구멍을 뜻하는 '혈(穴)'과 도구를 뜻하는 '공(工)'을
합쳐 비어 있다는 뜻을 나타낸 한자예요.

空氣 공기

航空機 항공기

하늘에서 빗방울이 떨어지는 모양을 본뜬 한자예요.

비 우 　一 厂 厈 币 雨 雨

비 갠 뒤 무지개

雨傘 우산

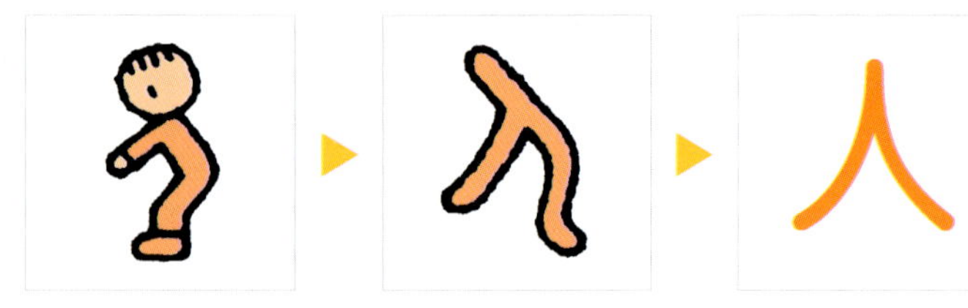

사람의 옆모습을 본뜬 한자예요.

人

人魚 인어

行人 행인

어린아이가 두 팔을 벌리고 있는 모습을 본뜬 한자예요.

子

아들 자　ㄱ 了 子

王子 왕자

子息 자식

여자가 손을 모으고 앉아 있는 모습을 본뜬 한자예요.

女王 여왕

女子 여자

밭(田)에서 힘(力)을 써 일하는 사람이라는 뜻의 한자예요.

男子 남자

男女 남녀

왕을 상징하는 도끼의 모양을 본뜬 한자예요.

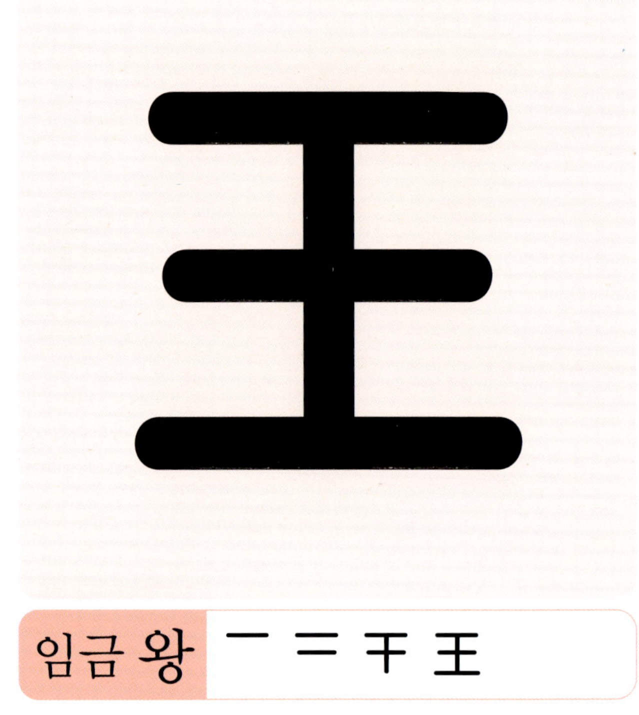

임금 왕 　一 二 干 王

王冠 왕관

王 왕

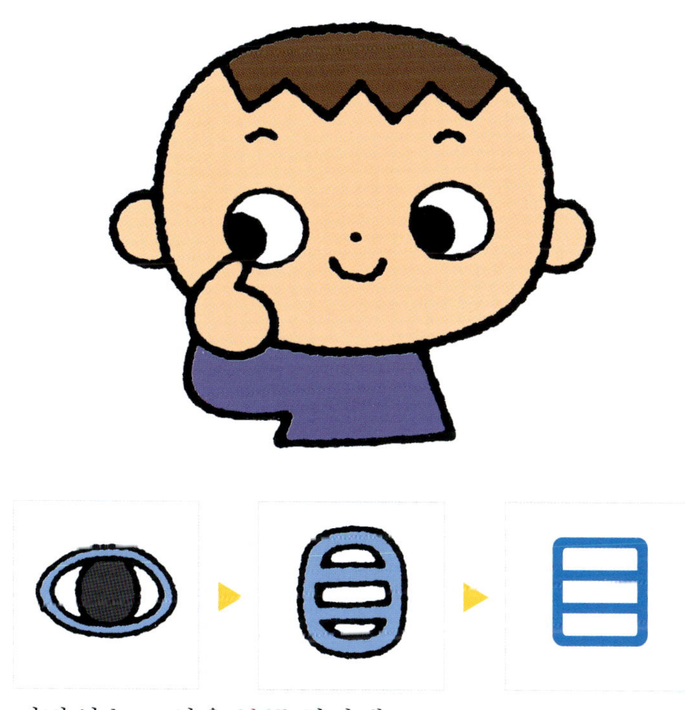

사람의 눈 모양을 본뜬 한자예요.

目次 목차

目標 목표

목차 책이나 신문 기사의 순서

사람의 입 모양을 본뜬 한자예요.

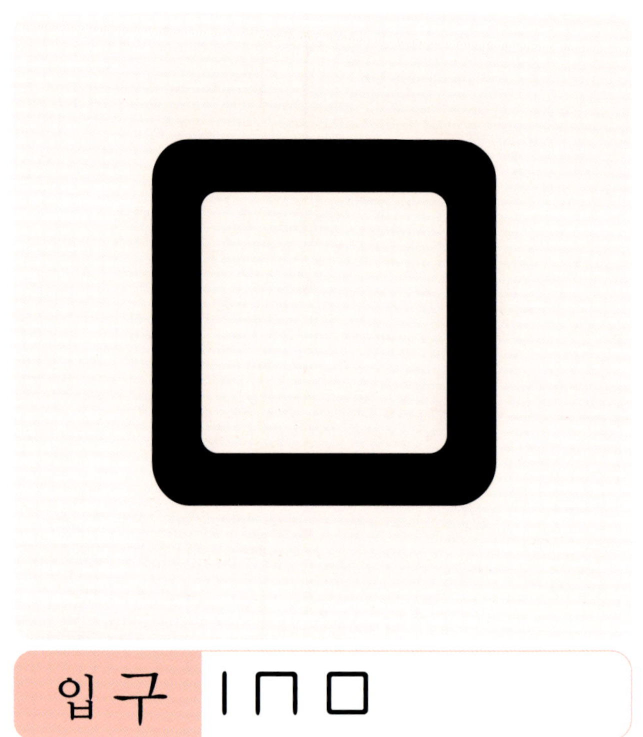

입 구 ㅣ ㄇ 口

입술

口令 구령

구령 여러 사람이 같은 동작을 취하도록 지휘자가 말로 내리는 명령

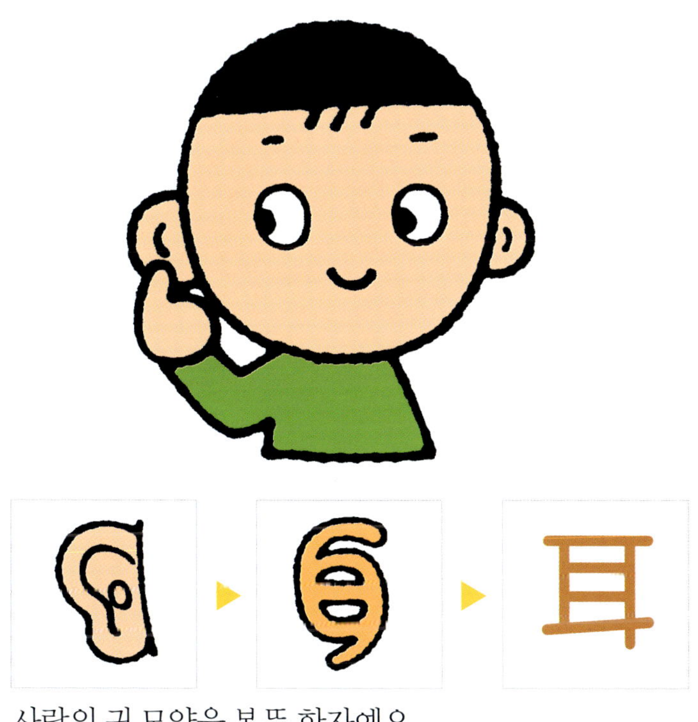

사람의 귀 모양을 본뜬 한자예요.

임금님 **귀**는 당나귀 **귀**

中耳炎 중이염

중이염 귀에 생기는 염증

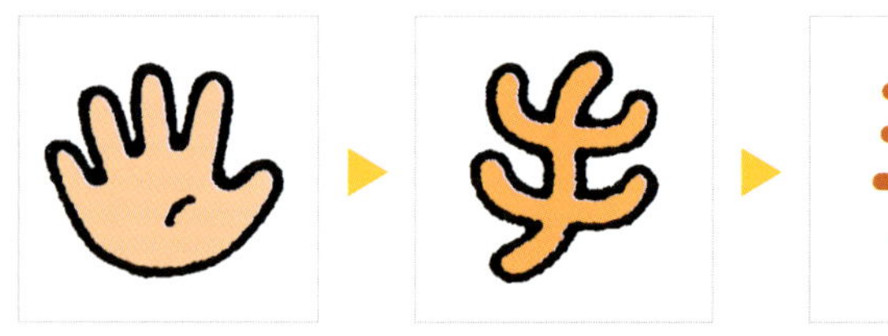

다섯 손가락을 편 모양을 본뜬 한자예요.

손 수　一 二 三 手

運轉手　운전수

拍手　박수

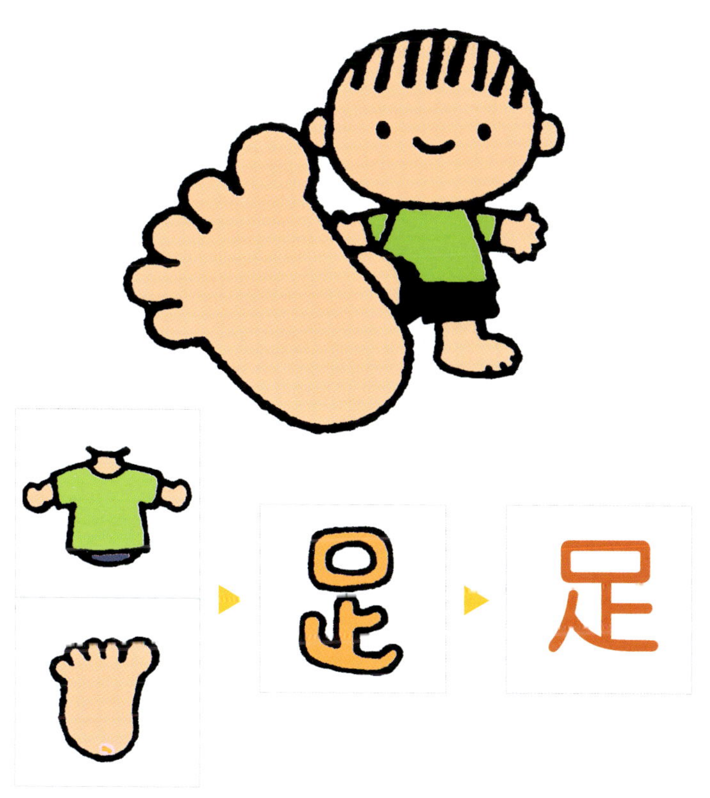

足

사람 몸에서 발까지의 모양을 본뜬 한자예요.

오른**발** 왼**발**

滿**足** 만**족**

개의 옆모습을 본뜬 한자예요.

개 견　一 ナ 大 犬

개집

案內犬 안내견

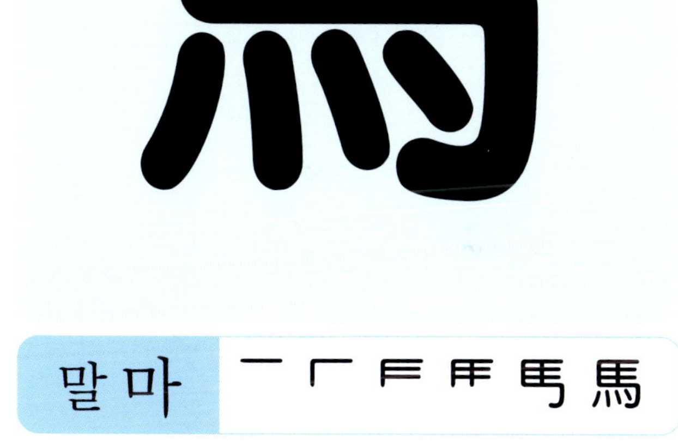

말의 머리, 갈기, 꼬리, 네 다리의 모양을 본뜬 한자예요.

말타기 놀이

馬車 마차

牛

소 우　　ノ 亠 二 牛

뿔이 달린 소의 머리 모양을 본뜬 한자예요.

황소개구리

牛乳 우유

새의 모양을 본뜬 한자예요.

새 조 ノ 亻 广 户 鳥 鳥

새장

白鳥 백조

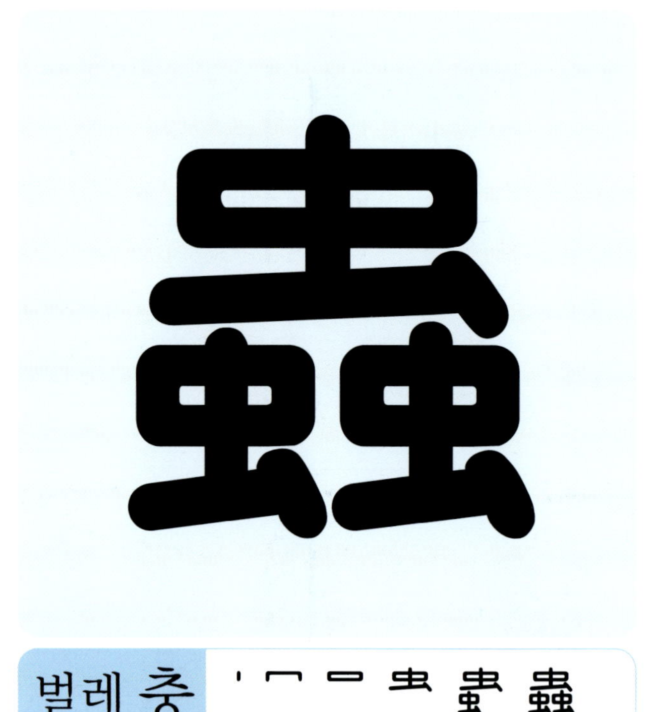

뱀의 모양을 본뜬 한자예요.

蟲齒 충치

昆蟲採集 곤충채집

곤충채집 생태를 관찰하거나 표본을 만들기 위해 곤충을 잡아 모으는 일

 ▶  ▶ 

물고기의 모양을 본뜬 한자예요.

물고기 잡기

熱帶魚 열대어

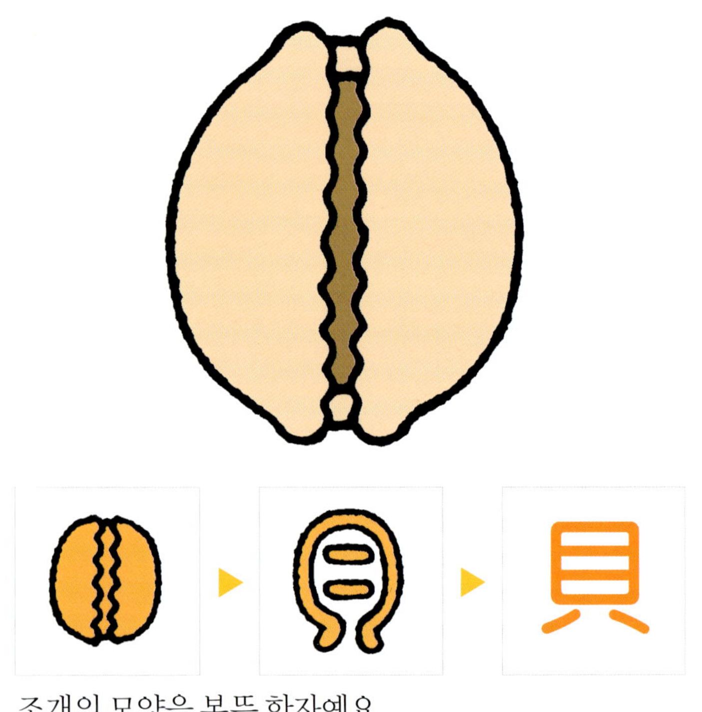

조개의 모양을 본뜬 한자예요.

진주**조개**

땅에 새싹이 돋아나는 모양을 본뜬 한자예요.

날 생　ノ 一 ヒ 牛 生

生花 생화

生日 생일

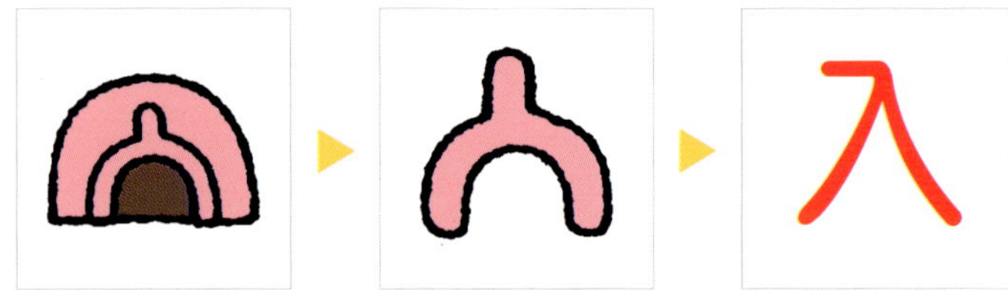

집이나 건물로 들어간다는 뜻의 한자예요.

들 입　ノ入

入口 입구

入學 입학

  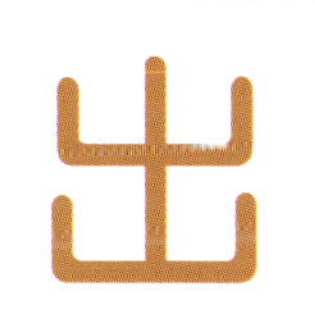

다리가 구덩이에서 나오는 모양을 본뜬 한자예요.

出口 출구

出發 출발

사람이 땅 위에 서 있는 모습을 본뜬 한자예요.

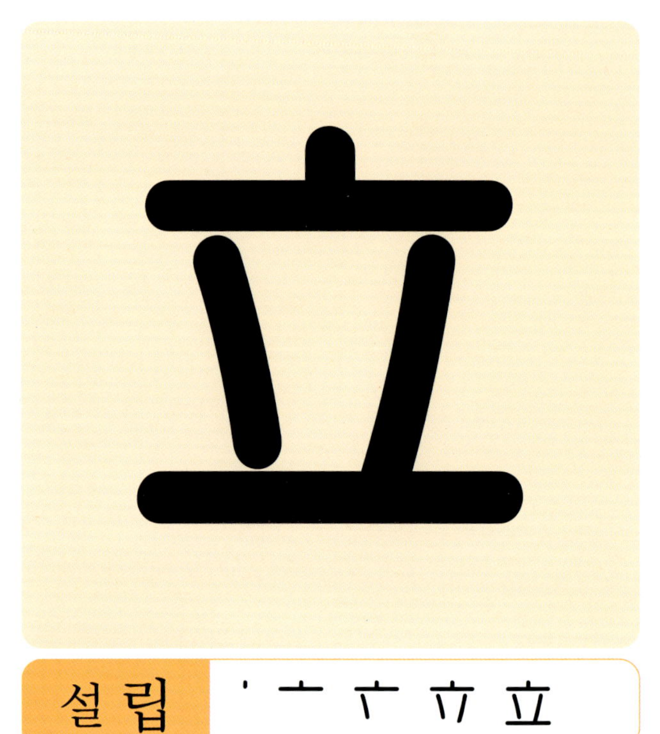

起立 기립

사람이 나무 아래에서 쉰다는 뜻의 한자예요.

休暇 휴가

休息 휴식

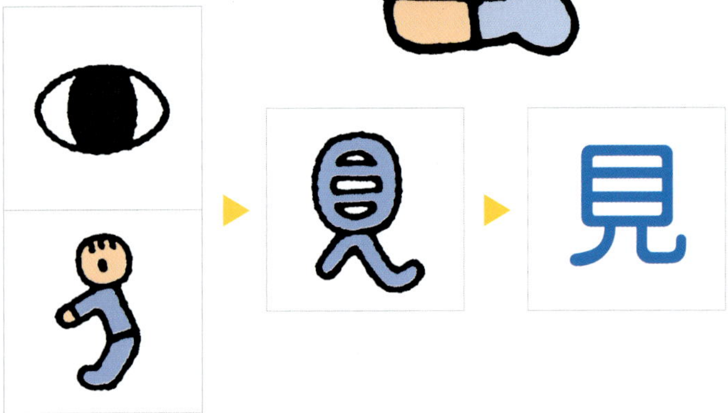

'눈 목(目)'과 '사람 인(人)'을 합친 한자예요.

볼 견　ㅣ ㄇ ㄇ ㅂ 目 貝 見

發見 발견

  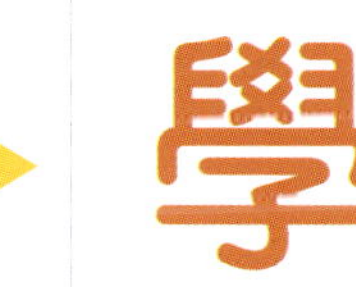

선생님 앞에서 글을 배우는 아이의 모습을 본뜬
한자예요.

배울 학 　「 ﾞ ﾞ 脅 脅 脅 學

學習 학습

科學者 과학자

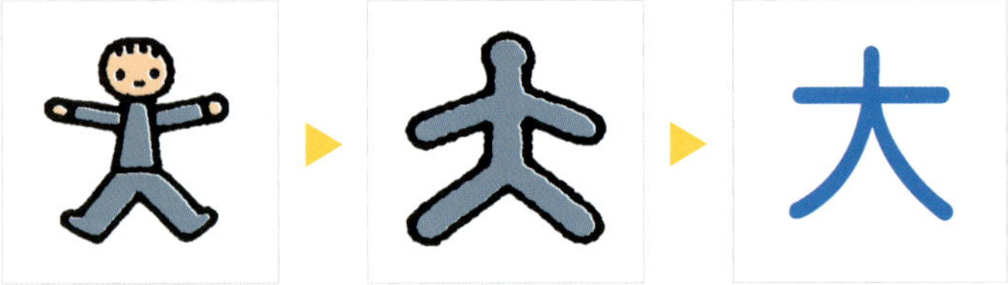

大

큰 대　一 ナ 大

사람이 팔다리를 벌리고 서 있는 모양을 본뜬 한자예요.

큰 고래

둥근 원의 가운데를 꿰뚫은 모양을 본뜬 한자예요.

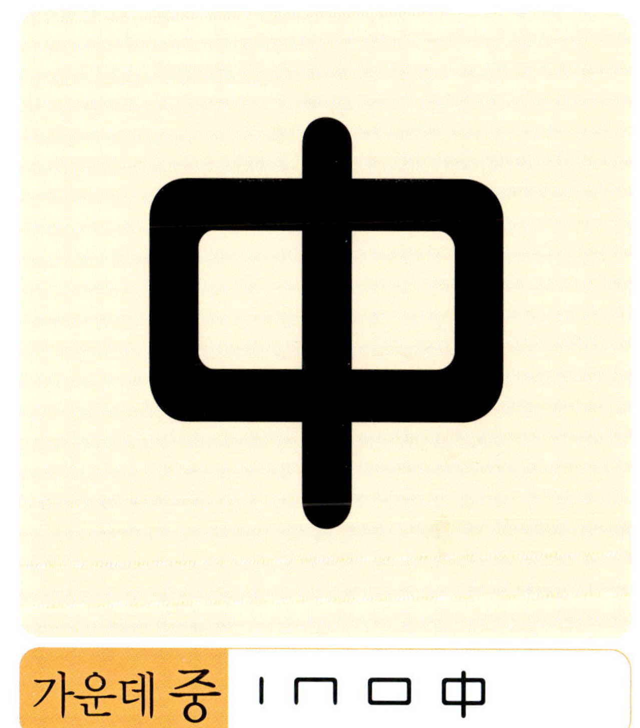

가운데 중 ㅣ ㄇ ㅁ 中

中心 중심

命中 명중

명중 화살이나 총알이 겨냥한 곳에 바로 맞음

가늘고 작은 것을 본뜬 한자예요.

작을 소　亅 小 小

작은 새

大小 대소

대소 크고 작음을 한꺼번에 나타내는 말

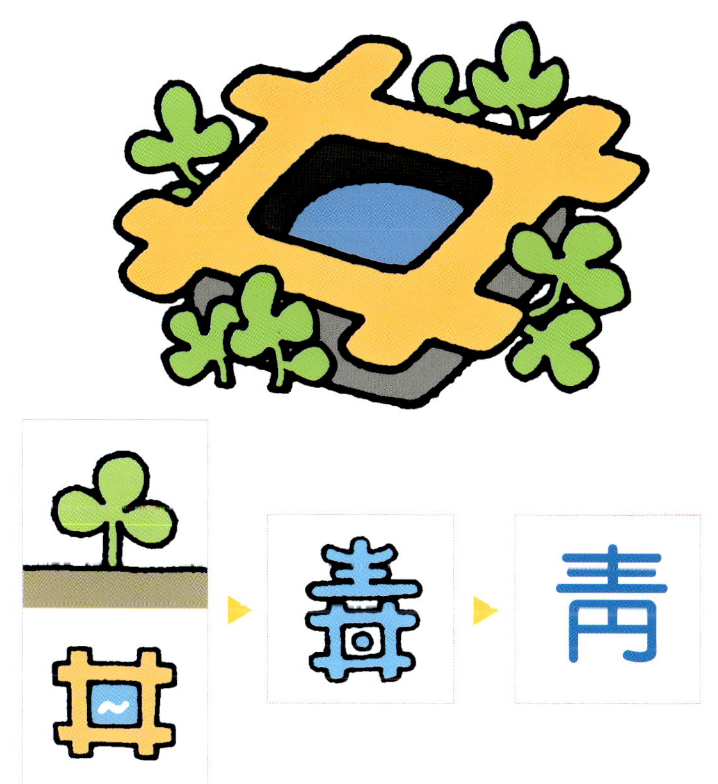

땅을 비집고 나온 푸른 새싹을 나타낸 한자예요.

青信號 청신호

青年 청년

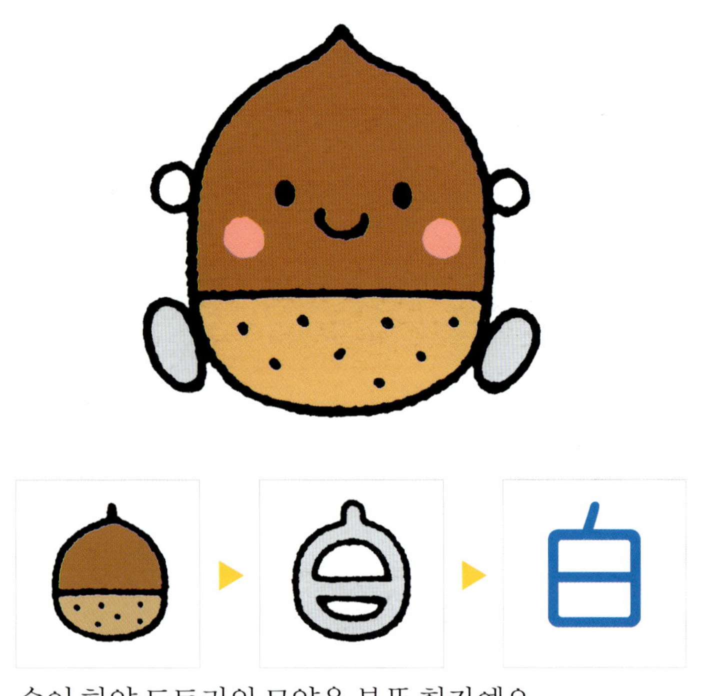

속이 하얀 도토리의 모양을 본뜬 한자예요.

흰 백　　＇ ′ ′ 竹 白 白

흰 곰

白雪公主 백설공주

'하나'라는 뜻의 'ㅡ'과 '발'을 뜻하는 '止'를 합쳐,
똑바로 나아가는 것을 나타낸 한자예요.

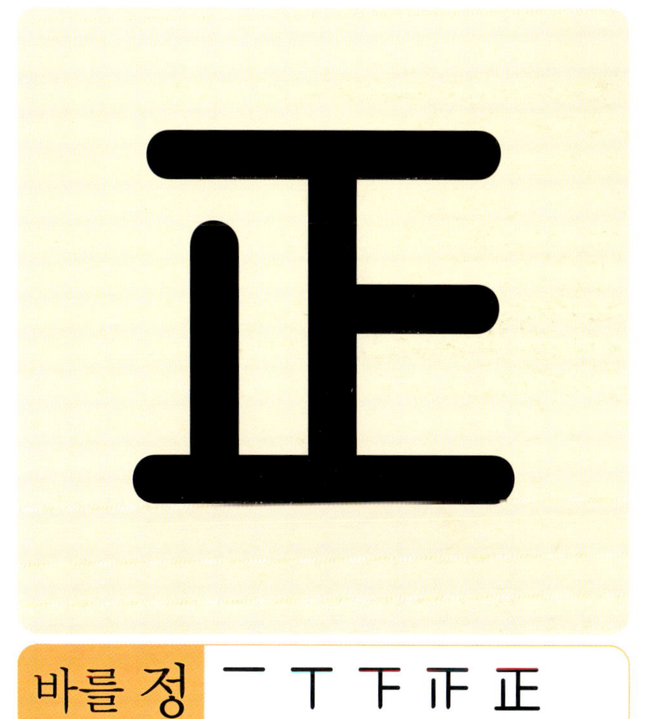

바를 정 　ㅡ　丁　丅　正　正

正午 정오

正義 정의

정의 진리에 맞는 올바른 도리

 ▶ 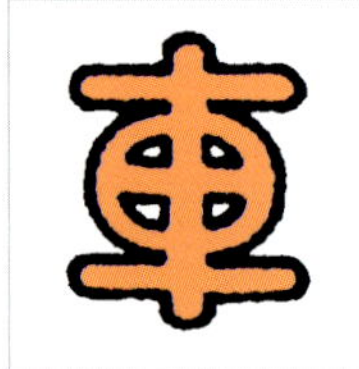 ▶ 

바퀴가 달린 수레의 모양을 본뜬 한자예요.

수레 거/차 　一　丅　一　百　亘　車

電動車 전동차

전동차 전기의 힘으로 레일 위를 달리는 차

風車 풍차

풍차 바람이 불면 빙빙 도는 장난감으로, 바람개비라고도 한다.

밭의 모양을 본뜬 한자예요.

田畓 전답

전답 논밭

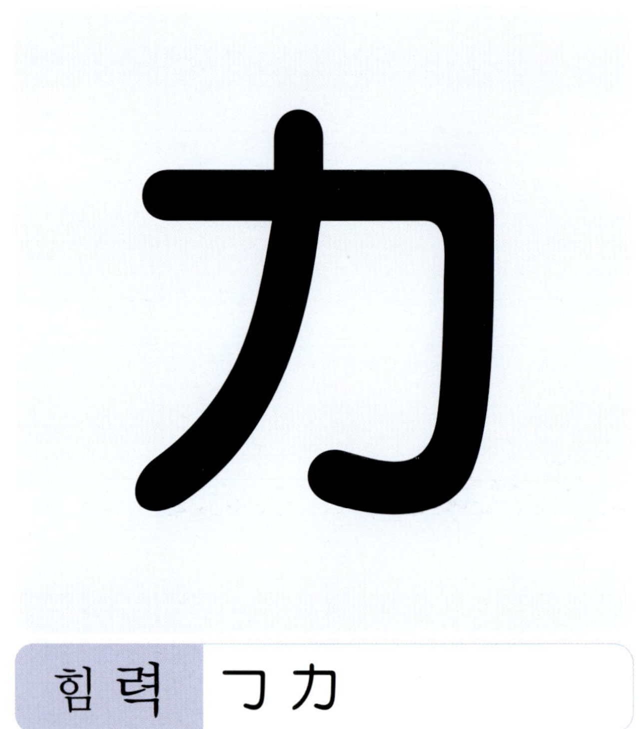

힘 력　ㄱ 力

힘을 준 팔의 모양을 본뜬 한자예요.

힘 센 사람

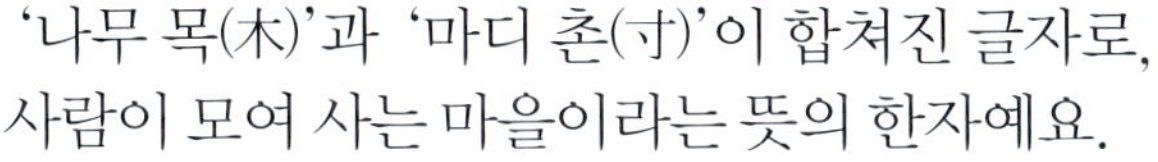

木 ▶ 寸 ▶ 村

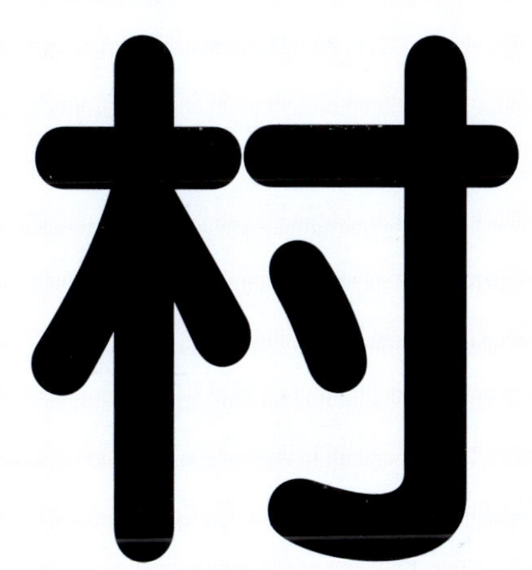

마을 촌　一 十 才 才 村 村

'나무 목(木)'과 '마디 촌(寸)'이 합쳐진 글자로,
사람이 모여 사는 마을이라는 뜻의 한자예요.

農村 농촌

저녁(夕)이 되면 어두워 앞이 보이지 않기 때문에
입(口)으로 자기 이름을 알려야 한다는 뜻의 한자예요.

名札 명찰

명찰 이름표

名人 명인

명인 기술이나 재주가 뛰어나 유명한 사람

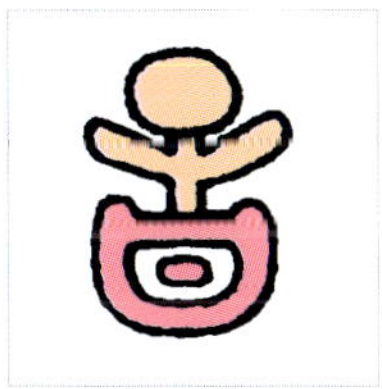 ▶  ▶ 

'입'을 뜻하는 '口' 속에 '하나'라는 뜻의 '一'을 더해 만든 한자예요.

소리 음 　`　一　十　立　音　音　音

騷音 소음

音樂會 음악회

 ▶ 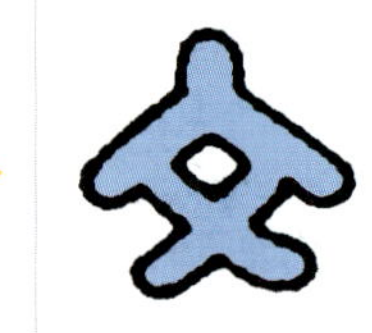 ▶ 

사람 몸에 그림을 그려 넣은 모습을 나타낸 글자로
글자, 학문 등을 뜻하는 한자예요.

글월 문 　ᆞ　ᅳ　ナ　文

作文 작문

天文臺 천문대

字

글자 자

집 안에 아이가 있는 모습을 본뜬 글자로, 한 집에 가족이
늘듯이 글자도 계속해서 생긴다는 의미가 있어요.

數字 숫자

漢字 한자

'나무 목(木)'과 '사귈 교(交)'가 합쳐진 글자로,
학교를 뜻하는 한자예요.

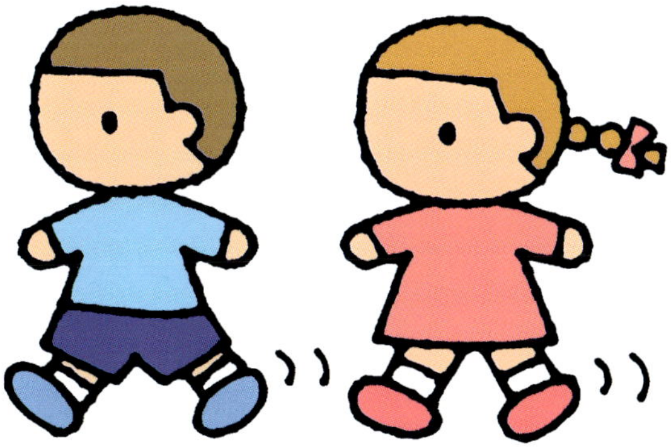

先

먼저 선 丿 𠂉 ⺧ 生 ⺧ 先

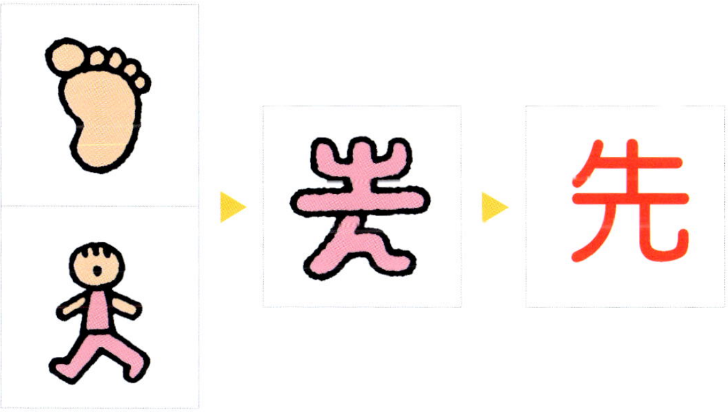

'발'을 뜻하는 '足'에 '사람'을 뜻하는 '人'을 합친 글자로,
다른 사람보다 앞서 간다는 뜻의 한자예요.

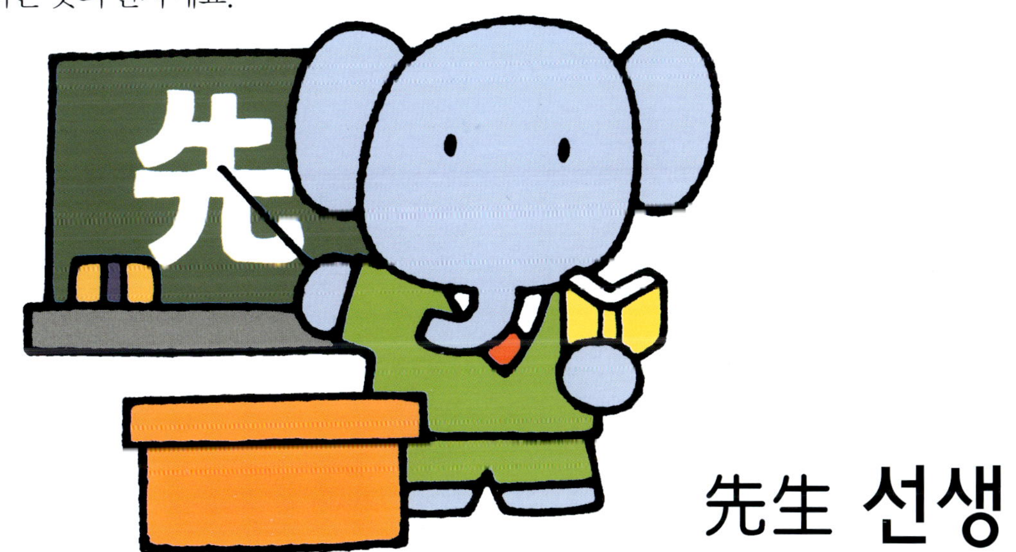

先生 **선생**

벼를 베는 농부의 모습을 본뜬 글자로, 벼를 수확하면
한 해가 간다는 뜻의 한자예요.

年歲 연세

一學年 일학년

실의 꼬인 모양을 본뜬 한자예요.

실 사

실 뭉치

실 전화

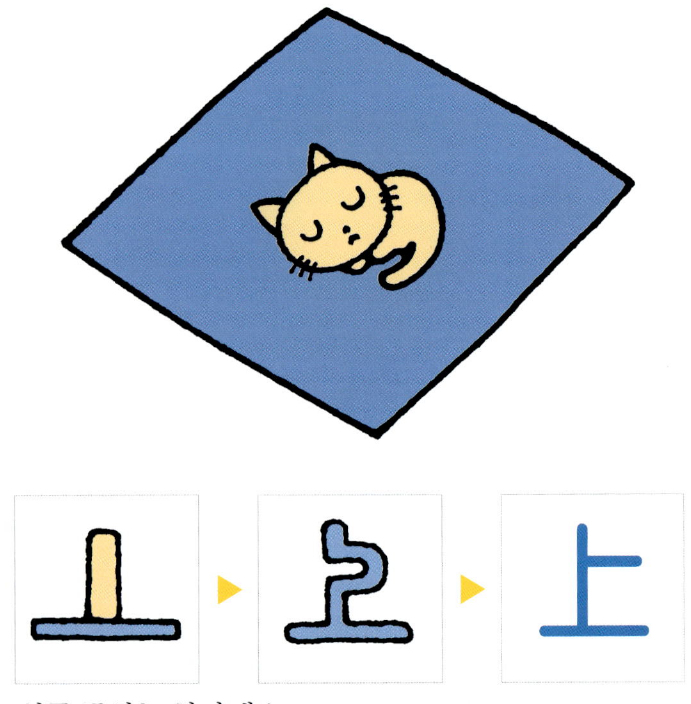

위를 뜻하는 한자예요.

나무 **위**

頂上 **정상**

정상 산꼭대기

아래를 뜻하는 한자예요.

下

아래 하 ㅡ 丅 下

나무 **아래**

地下鐵 **지하철**

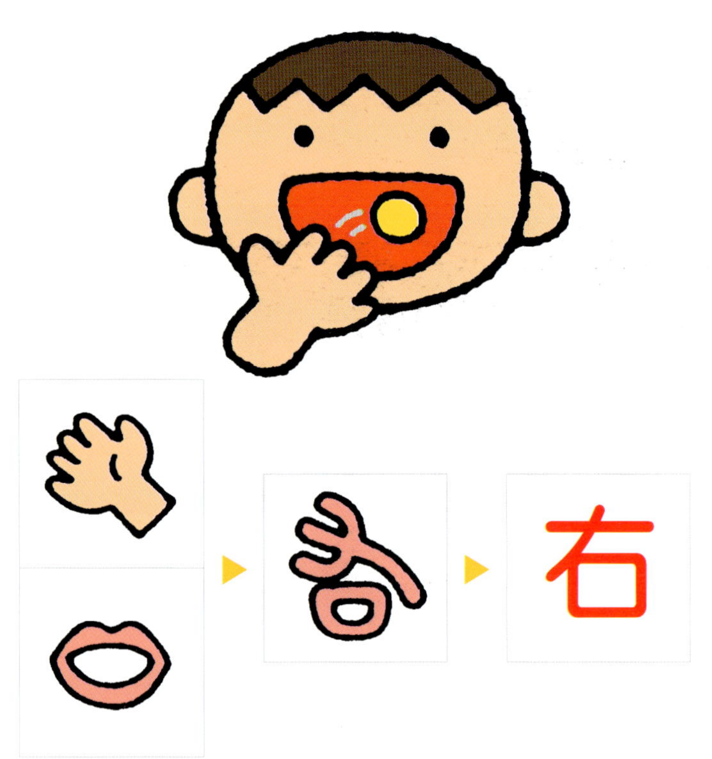

먹을 것을 입에 넣는 모습을 본뜬 한자예요.

右側 우측

左右 좌우

左

왼 좌 　一 ナ ナ 才 左

왼손에 도구를 쥐고 있는 모습을 본뜬 한자예요.

왼손잡이

左側 좌측

一等 일등

한 일 一

집게가 두 개

두 이 二

三兄弟 **삼형제**

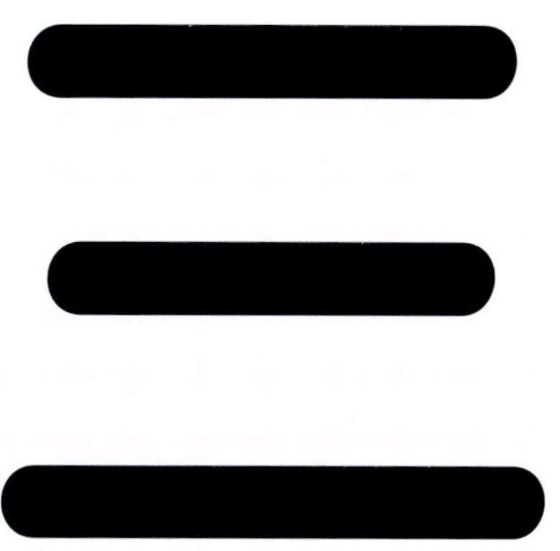

석삼 ⁻ ⁼ 三

四角形 **사각형**

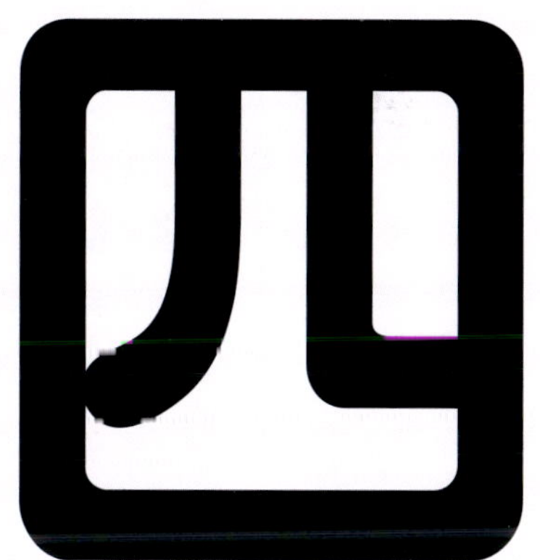

넉사 ㅣ 冂 冈 四 四

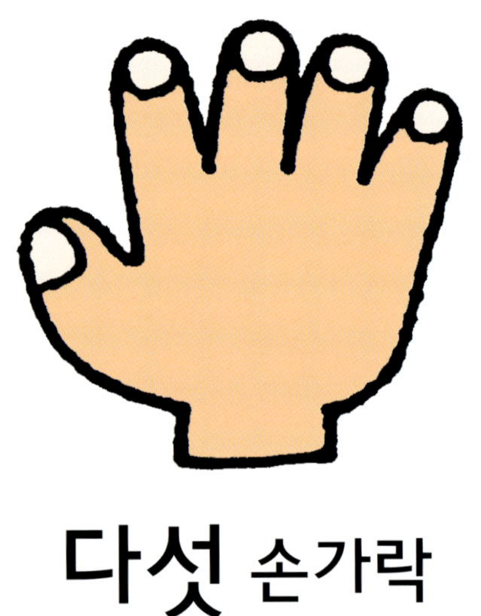

다섯 손가락

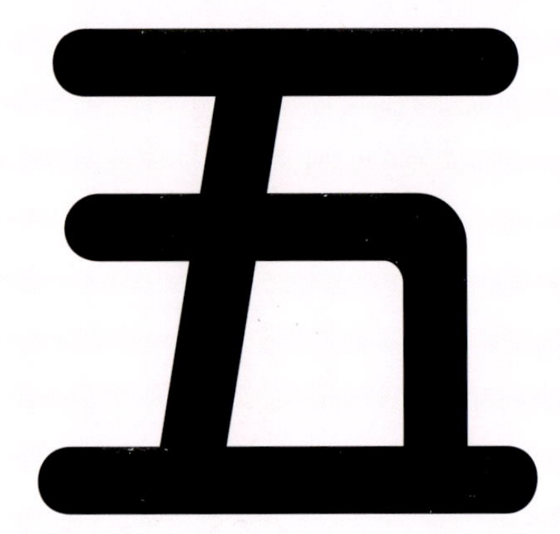

다섯 오 　一 丁 五 五

여섯 대

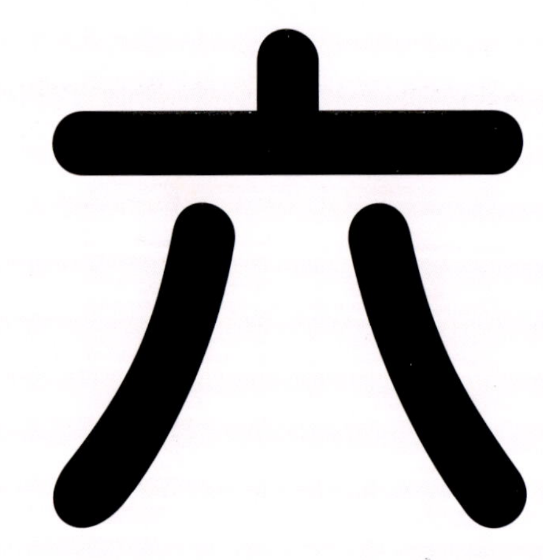

여섯 육 　一 ナ 六 六

일곱 권

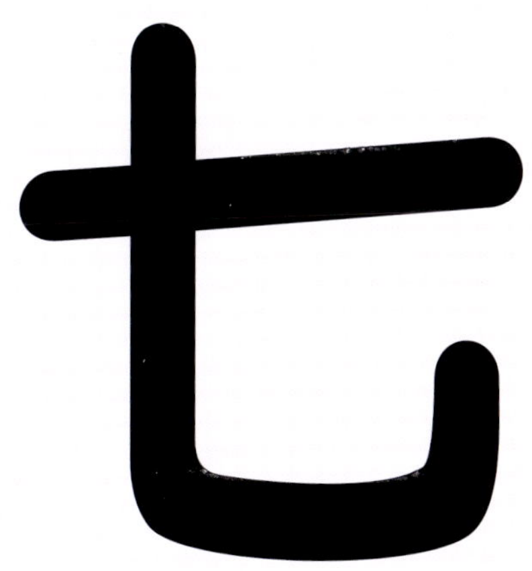

일곱 칠 一 七

다리가 **여덟** 개

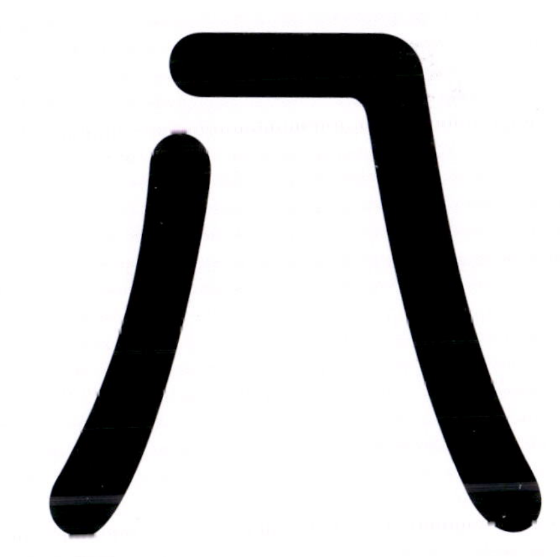

여덟 팔 ノ 八

九官鳥 구관조

아홉 구　ノ九

十字路 십자로

열 십　一十

百歲 백세

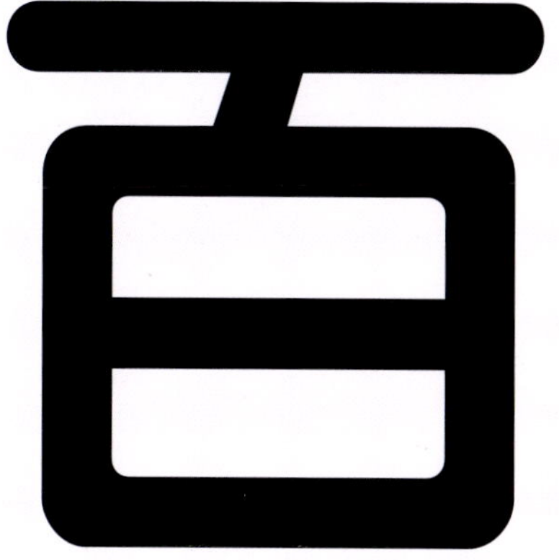

일백 백 一 一 亍 歹 百 百

종이학 **천** 개

일천 천 ノ 二 千

누가 누가 한자를 쓰나요?

한자는 중국, 일본, 한국, 대만, 싱가포르 등 여러 나라에서 사용해요. 세계 인구의 23%인
15억 명이 한자문화권에 속하니 세계에서 가장 많은 인구가 사용하는 언어라고 할 수 있지요.
우리나라는 한글을 사용하지만 한글 낱말의 70% 이상이 한자로 이루어져 있어요.
한자를 알면 우리말 뜻을 쉽게 알 수 있기 때문에 지금도 많은 사람들이 배우고 있지요.

한자는 어떻게 만들어졌나요?

옛날 사람들은 동쪽에서 떠서 서쪽으로 지는 해를 보고 '하루 또는 날'이라고 생각했어요.
그래서 해를 보고 日(날 일) 자를 만들었지요.
日(날 일)의 뜻은 '날(하루)'이 되고, 읽기는 '일'이라고 읽어요.

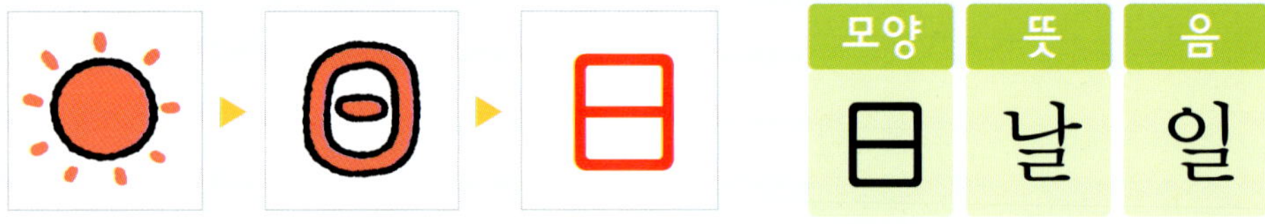

한자 공부, 이런 점이 좋아요!

유아기는 눈으로 본 것 그대로를 이미지로 받아들이는 우뇌 발달의 시기예요.
유아들이 한자를 쉽게 기억하는 것도 한자를 그림으로 받아들여 통째로 외우기 때문이에요.
알록달록 선명한 그림을 보며 한자의 모양을 연상하는 동안 관찰력과 집중력을 키우고,
직관력과 통찰력을 주관하는 우뇌를 자극하게 됩니다.

와라베 기미카

1950년 일본 구마모토 현에서 태어났습니다.
그림책 일러스트 제작 회사인 '장난감 상자'를 설립하고,
WARABE FAMILY라는 타이틀로 다수의 어린이책을 만들었습니다.
지금은 프리랜서 일러스트레이터로 일하고 있습니다.

그림 따라 한자 여행

1판 7쇄 펴낸날 | 2021년 1월 25일

지은이 | 와라베 기미카

편집 | 김세리
디자인 | 이기쁨, 김지은

펴낸곳 | (주)베틀북
펴낸이 | 강경태
등록번호 | 제16-1516호
주소 | 서울시 강남구 테헤란로84길 12 (우)06178
전화 | (02)2192-2300 팩스 | (02)2192-2399
홈페이지 | www.betterbooks.co.kr

KANJI EHON
by Kimika WARABE
Copyright © 2007 by OMOCHA BAKO
First published in Japan in 2007 by Child Honsha Co., Ltd.
Korean translation copyright © 2010 by Better Books Co., Ltd.
Korean translation rights arranged with Child Honsha Co,, Ltd.
through Japan Foreign-Rights Centre/Shinwon Agency Co.

ISBN 978-89-8488-661-2 13700

이 도서의 국립중앙도서관 출판시 도서목록(CIP)은 e-CIP 홈페이지(http://www.nl.go.kr/cip.php)에서 이용하실 수 있습니다.
(CIP 제어번호: CIP2010002500)